Entrevista
com a Pombagira

Entrevista com a Pombagira

Mãe Fabiana de Oxum

Uma esclarecedora entrevista
sobre a visão do mundo espiritual
através dos olhos da Pombagira Sete Saias

1.ª Edição

São Paulo

2015 Ayom

Editora
Vivian Lerner

Revisão
Sérgio Mendes

Capa, Projeto Gráfico e Diagramação
William Oliveira

Ayom Editora: (011) 3499-6152/94970-0028
www.ayomeditora.com.br
Blogue: novoacervoayom.blogspot.com
E-mail: ayom@ayomeditora.com.br

```
Dados Internacionais de Catalogação na Publicação (CIP)
   (Câmara Brasileira do Livro, SP, Brasil)

    Fabiana de Oxum
        Entrevista com a Pombagira : uma esclarecedora
    entrevista sobre a visão do mundo espiritual
    através dos olhos da Pombagira Sete Saias / Mãe
    Fabiana de Oxum. -- 1. ed. -- São Paulo :
    Ayom, 2015.


        1. Mistério 2. Mediunidade 3. Pombagira -
    História 4. Religiões afro-brasileiras 5. Umbanda
    (Culto) I. Título.



15-03820                                    CDD-299.67
        Índices para catálogo sistemático:
        1. Pombagira : Teologia de Umbanda : Religiões
           de origem africana    299.67
```

SUMÁRIO

O Espírito Sopra Onde Quer!..........7

Prefácio..........11

Afinal quem é ela?..........15

Introdução..........27

Capítulo I
Conhecendo a Pombagira..........29

Capítulo II
A Evolução Espiritual da Pombagira..........39

Capítulo III
Trabalhos realizados pela Pombagira..........45

Capítulo IV
Equipe Espiritual da Pombagira..........55

Capítulo V
O caminho da evolução espiritual do médium..........61

Capítulo VI
Temas polêmicos..........67

Capítulo VII
Orientações da Pombagira..........77

Capítulo VIII
As sete saias de uma Pombagira..........65

O Espírito sopra onde quer!

É com grande alegria que a Ayom apresenta esta pequena obra, simples e coesa, mas potente em mensagem e luz espiritual. Aqui, Mãe Fabiana de Oxum, servindo de veículo para uma Pombagira de Lei, transmite ensinamentos e conhecimentos doutrinários e morais que poucos acreditariam poder sair da manifestação de uma entidade da faixa de Exu guardião.

Mas não! A Senhora Pombagira Sete Saias nos supreendeu desde a primeira leitura, quando mãe Fabiana nos enviou uma prova do livro. Mesmo seguindo tradições diferentes, percebemos que a mensagem espiritual era praticamente a mesma e que realmente o Espírito sopra onde quer, além das roupagens, imaginários, preceitos e preconceitos e que, quer queiram quer não, o mundo espiritual tem algo a nos passar, sempre, mesmo em linguagens diversas, mesmo com rituais diferentes: fé, esperança e caridade, as primeiras regras da Umbanda ainda valem, e nosso mundo precisa tanto delas como do ar que respiramos. Entregamos a você leitor, essa obra de maravilhosa abertura para os caminhos espirituais, uma nova compreensão do trabalho das Pombagiras, sua função no nosso meio e sua opinião certeira sobre os caminhos que trilhamos!

Saravá Pombagira! Laroiê, Exu! Mojubá! Kiuááá Pambu Njila!!!

William Oliveira
Mestre Obashanan

Com a bênção das entidades do Centro Espírita Amor e Caridade

Dedico este livro a todos que me apoiaram desde o início e acreditaram neste trabalho tão especial.

Também quero agradecer ao mundo espiritual, que nos confiou esta missão à qual nos empenhamos com muito amor e carinho.

A Deus, aos nossos Orixás e a todos os amigos espirituais.

Obrigada.

Mãe Fabiana de Oxum

Prefácio

Quando este projeto espiritual surgiu, fiquei muito feliz. Acredito que todo tipo de literatura, especialmente as que tratam da nossa religião Umbanda, é realmente importante para os irmãos de caminhada.

Desde que comecei a frequentar os ritos, e depois de me tornar um membro efetivo de nosso terreiro, compreendi que o que eu sabia era pouco; percebi a necessidade de conhecer mais sobre o mundo espiritual e o trabalho das entidades. Procurei, então, informações mais profundas a fim de esclarecer tantas perguntas sem respostas. Infelizmente, ainda existem poucos títulos sobre Umbanda e, mesmo com novas informações chegando, ainda considero-as pouco; isso porque somos aprendizes de nossos tutores - ainda estamos caminhando para entender e assimilar as lições que recebemos dia a dia nos terreiros.

Retomando, senti-me muito feliz pela oportunidade em poder expressar, por meio deste livro, um tema tão instigante, cheio de mistérios e surpresas, como é o das Pombagiras.

Acredito, infelizmente, que muitas das ideias difundidas sobre as Pombagiras estejam erradas. Até hoje, ainda falam coisas horríveis sobre esta falange, que nos orienta e auxilia em nossos problemas, especialmente os de natureza psicológica, pois conhecem o ser humano de maneira profunda e substancial.

Alguns leitores já devem estar questionando o que digo, mas peço sua calma e atenção para podermos explicar. As Pombagiras de Lei são aquelas às que me refiro neste livro. Elas não falam palavrões e nem fazem "futricas" entre os médiuns para mostrar qual é a melhor entidade daquele terreiro. O que acontece algumas vezes é que até eguns[1] se passam por Pombagiras e fazem isso tão bem que seus próprios médiuns chegam a ser enganados. É a estas Pombagiras de Lei, que trabalham apenas na seara do bem, que dedico meus agradecimentos. Em especial à Senhora Sete Saias quero aqui deixar registrada minha gratidão, por tudo o que fez por aqueles que obtiveram o seu auxílio. É justamente a senhora Sete Saias, com seu jeito fino, educado e paciente, porém firme em suas opiniões, quem mostra neste livro o que pensa. Por meio da entrevista que concedeu, ela fala, de maneira clara e sincera e nos ajuda a conhecer melhor sua forma de atuação. Grande amiga e companheira (neste momento vou usar um termo que, em minha opinião, resume o seu conhecimento):

- Salve, "professora" Sete Saias! Obrigada por tudo!

Mãe Fabiana de Oxum

---

[1] *Há de se considerar as várias qualidades de egum, a saber: em algumas linhas da Umbanda,* **egum** *é o nome que se dá aos espíritos desencarnados. Em outras linhas, são espíritos obsessores. Em outras ainda, são espíritos ancestrais. Todas as variações estão corretas. Trata-se das várias classes em que os espíritos desencarnados se agrupam.*

Pictografia da Pombagira Sete Saias

Recebi esta pictografia da Senhora Sete Saias em uma tarde em que digitava os rascunhos do livro; ela se mostrou de forma nítida em minha mente, e tentei então ser o mais fiel possível neste desenho para retratá-la. Era como se minha mão estivesse sendo guiada naquele instante, e em poucos minutos, estava registrada esta imagem. Acredito que neste desenho sem rosto ela quis homenagear todas as Pombagiras trabalhadoras da Seara Umbandista.

Afinal, quem é ela?

A Pombagira é um ser apaixonante. Possui vasto conhecimento sobre a psicologia humana, tem sempre uma boa palavra e uma maneira extremamente cativante de agir. É amiga, conselheira, uma mãe carinhosa, que, de forma elegante, sabe a forma correta de chamar a atenção: ao invés de criticar, corrige; e assim, aqueles que a escutam não se ofendem e não se sentem cons-trangidos ao tratar suas dificuldades, ao contrário, ficam agradecidos por ela ter mostrado atitudes e erros cometidos e sistematicamente repetidos, sendo que uma postura nova e diferente, por vezes, é o ponto central da resolução do conflito.

Quando comecei a trabalhar com a Senhora Sete Saias, compreendi estar diante de uma entidade de grande conhecimento e evolução. Isto foi contra a imagem erroneamente difundida de que as Pombagiras são entidades do mal ou prostitutas desencarnadas e que utilizam palavreado de baixo nível. Percebi logo, por suas palavras e atitudes, que muito do que se falava e ainda se fala por este vasto mundo, nada mais são do que deturpações, confusões e enganos.

Várias vezes enquanto a escutava, pensava tratar-se de uma entidade de outra categoria, pois, na época, estranhava uma Pombagira ser tão esclarecida. Mas, depois de um tempo, percebi ser ela uma grande mestra.

É interessante frisar que todos os seres encarnados e desencarnados estão em constante evolução. O intercâmbio entre médiuns e entidades superiores é extremamente benéfico, isto quando existe a vontade do médium de melhorar, aprender e estudar, ser um observador dos fatos.

Aprender com o irmão que chega pedindo ajuda é muito produtivo para o médium, pois, por vezes, não enxergamos os erros que cometemos e apenas conseguimos identificá-los ao reconhecer o sofrimento em um irmão que passou por um problema semelhante ao nosso.

Incorporando a Senhora Sete Saias, reconheci como é extenso seu conhecimento espiritual e o potencial que ela tem de nos ajudar. E nós, em contrapartida, precisamos e muito deste auxílio amoroso e sábio. Vivendo neste século de grandes transformações que ocorrem a todo instante, em que a forma de pensar das pessoas está sendo modificada, precisamos estar mentalmente sãos e fisicamente fortes.

Devemos estar atentos a essas mudanças, até porque as origens dos males físicos e mentais, de acordo com as entidades, são as causas espirituais. Aprendi que tudo começa no espírito e só depois se torna material. Em razão disso, a Pombagira Sete Saias alerta-nos sobre cuidar da qualidade de nossos pensamentos, que, em dado momento, poderão concretizar-se.

Ela e as demais entidades costumam nos esclarecer sobre o poder do pensamento, esta força que possuímos, mas não sabemos como usar e como os maus hábitos da mente causam-nos uma série de desvios.

Sabemos que não é somente o pensamento que influi em nossas vidas. Não podemos deixar de citar o karma a ser resgatado e o destino a ser cumprido. Mesmo que fugíssemos de nossas responsabilidades, utilizando o *livre-arbítrio*, o Universo é complexo e eficiente, é perfeito e nos faz retomar a rota perdida.

Neste tempo em que passamos juntas, essa Pombagira ensinou-me a acreditar no potencial das pessoas. Nos momentos em que se aproxima, ela imprime na atmosfera uma sensação de crença em nosso futuro e na mudança do ser humano. Sendo positiva, ensina-nos a acreditar em nós mesmos, a tirar boas lições das situações ruins e que sempre podemos aprender mais e mais.

Agimos de acordo com o conhecimento que temos. O erro está em não querer melhorar, negar o conhecimento e não executar uma auto-transformação. Muitas vezes, o orgulho é o grande vilão da história, pois nos impede de evoluir.

A auto-sabotagem, praticada de forma inconsciente, também é outro fator agravante, como exemplifica a Senhora Sete Saias de Lei. Erros do passado, auto-punições, culpas, tudo isto e muito mais pode causar graves transtornos que poucos conseguem identificar e promover uma reparação efetiva.

Graças aos Orixás e ao grande *Pai Zambi*, temos a alegria de poder contar com nossas entidades e, no meu caso, mais especificamente, com a Pombagira Sete Saias. As Pombagiras, por caridade, vêm até nossos terreiros para atender parte da população deste planeta, tão carente de amor e compreensão.

Acredito que muitos de nossos leitores devam, neste momento, estar se perguntando o sentido do termo *de Lei* e o porquê de ele ser usado, mas adianto que este esclarecimento será feito pela própria entidade, nos capítulos seguintes.

Como surgiu este livro

Quando fomos informadas de que a espiritualidade tinha designado publicar um livro, senti-me apreensiva sobre como ocorreriam os fatos. Por trabalharmos em um terreiro de Umbanda, estamos acostumadas ao contato com entidades espirituais, mas algumas coisas ainda nos deixam em dúvida sobre como agir. Assim, a própria Senhora Sete Saias orientou-me como o livro seria feito.

Para falar sobre Pombagira, quem melhor do que uma delas? Foram realizadas entrevistas com a Pombagira Sete Saias. No caso, eu fui a médium que a incorporou para que ela respondesse às perguntas que lhe foram dirigidas.

Incorporei a Senhora Sete Saias durante um período de, em média, 60 minutos cada vez, em um rito em que apenas os médiuns ligados ao terreiro participaram. Entrar em contato mediúnico com um espírito exige uma preparação, por isso, com todo o cuidado, o ponto[2] dela era aceso e firmado em nosso terreiro. Este processo repetiu-se até que os capítulos estivessem devidamente completos e respondidos.

---
2 *Ponto: desenho magístico riscado (com pemba) no chão do templo, casa ou terreiro onde são firmados os símbolos dos guias e feitas entregas e oferendas à entidade em questão.*

De modo geral, em se tratando de literatura e mediunidade, as informações vêm através de *psicografias*, *intuições* ou pela *vidência* (modalidade mediúnica em que o próprio espírito se mostra diante do autor), mas neste caso, ela queria que eu a incorporasse para realizar o projeto. Acredito que seu objetivo era estar presente tanto espiritual quanto fisicamente e poder conversar da mesma maneira como fala aos que buscam seus conselhos e ajuda em nosso terreiro.

Durante a incorporação, a entrevistadora anotava manualmente tudo o que era falado. Este processo era feito com calma, sem pressa, para que fosse possível registrar termos e palavras utilizados pela entidade.

Esta missão exigiu, tanto de mim como da entrevistadora, uma preparação mental durante todo o processo, para que nada, em nenhum momento, pudesse prejudicar o conteúdo da entrevista.

E também acredito que para a Senhora Sete Saias, o esforço tenha sido grande, já que ainda não temos sua clareza espiritual. Agradecemos a ela por sua paciência para conosco.

Salve Senhora Sete Saias!

Sobre as perguntas

As perguntas foram direcionadas com objetivo de esclarecer públicos distintos, por isso foram feitas de forma simples e são de fácil compreensão.

Estamos ainda trilhando a longa caminhada rumo ao verdadeiro conhecimento espiritual; os fatos são revelados pelo plano do alto de acordo com nossa capacidade de entendimento e, por isto, cabe-nos buscar sempre aprender mais, de forma gradativa, por meio de experiências, fatos, leituras e estudos.

Posso afirmar que neste livro, a Senhora Sete Saias quebrou alguns paradigmas sobre o trabalho das Pombagiras. Conceitos foram revelados e talvez sejam contrários ao que é divulgado sobre estas entidades femininas. Estas novas informações são esclarecedoras e têm como objetivo expandir e melhorar a evolução e o conhecimento de todos nós.

Algumas perguntas são diretas e traduzem a forma de pensar e as dúvidas que muitas pessoas têm. Posso até dizer que este livro é uma leitura essencial à comunidade, tanto para os umbandistas, como para os adeptos de todas as vertentes das religiões afro-brasileiras e, claro, para os interessados na espiritualidade em geral.

Por que a entidade fuma?

O fumo é um vício?

Por que os Exus e as Pombagiras usam vermelho e preto?

O que é uma amarração?

Quais os efeitos de um trabalho negativo para o médium?

Por que as Pombagiras giram?

Quais os resultados de um trabalho positivo para o médium?

A Pombagira é a mulher de Exu?

Todas estas perguntas, e outras mais, estão respondidas neste livro pela Senhora Sete Saias.

Importante ressaltar também o trabalho da entrevistadora, que teve uma árdua tarefa: fazer, em número restrito, as perguntas mais adequadas e saber identificar as que realmente traduziriam a curiosidade do leitor.

Posso dizer que foi um projeto de grande responsabilidade. Esperamos, por meio deste livro, poder esclarecer e ajudar neste percurso rumo ao conhecimento espiritual.

O objetivo deste livro

Este livro foi escrito a pedido da própria Senhora Sete Saias. Certamente, a espiritualidade superior confiou esta missão a ela. Assim acontece no plano astral, onde tudo é previamente organizado e estruturado. Não há concretização sem a autorização de nossos *Orixás*, e nosso grande **Zambi** (Deus), que alguns chamam de *Olorum*. Independentemente da forma ou do nome, todo o planejamento ocorre de maneira a obter uma mudança para o desenvolvimento de nosso planeta.

Este esclarecimento é essencial, à medida que desvenda o que acontece no *plano astral* e os assuntos relativos a *mediunismo*, amarrações, consciência moral e espiritual, temas que serão abordados aqui de forma abrangente e em uma visão nova.

Mediunidade é tarefa séria. Como se diz nos terreiros, o *médium* é um mediador entre o m*undo espiritual* e o *mundo físico*. Cabe a ele ter responsabilidade em suas atitudes. De acordo com as palavras da Senhora Sete Saias, a *lei do retorno* é a lei que governa o Universo. Portanto, é importante nos preocuparmos com nosso futuro.

Duas leis são comentadas aqui, a *lei da ação e reação* e a *lei da atração*. Falaremos também sobre a *força centrípeta*, relacionada ao movimento de giro que as Pombagiras efetuam quando estão incorporadas nos médiuns, e que muitas pessoas pensam ser um simples movimento sem sentido maior, enquanto se trata da correspondência astral da aplicação de uma lei que a física já nos mostrou.

Quando elas se movimentam, girando ao redor ou próximas de uma pessoa, as Pombagiras estão retirando os fluídos negativos, primeiramente atraindo e depois quebrando estas cargas negativas. Esta é uma das maneiras como elas atuam para descarregar ou limpar. É importante lembrar que o ser humano produz tanto energia positiva como negativa, através de seus pensamentos.

Por isto, nossa estimada Pombagira Sete Saias costuma alertar-nos sobre a qualidade dos pensamentos. Positivo atrai positivo, negativo atrai negativo. E o médium, por ser o elo entre o plano material e espiritual, tem uma responsabilidade maior, pois de sua atuação e postura dependem muitas coisas, como, por exemplo, o caminho que vai direcionar sua própria vida, as conexões que vai estabelecer. Cabe citar que os médiuns são também procurados por desencarnados precisando de ajuda. O médium atrai para si a vibração que seu próprio pensamento produz; isto quer dizer que pessoas que vivem afundadas em pensamentos de tristeza, carência, medo e doença, vão conviver com este tipo de vibração baixa. Ao contrário, os pensamentos harmônicos favorecerão situações positivas, se emitirem pensamentos de alegria, bom-humor, prosperidade e saúde.

Como médium e ser humano, também passei por situações difíceis, mas a Senhora Sete Saias alertou-me para a qualidade do pensamento, a fim de que boas energias ao meu redor fluíssem e me dessem melhores condições de auxiliar aqueles que me procuram.

Hoje, graças aos céus, temos várias vertentes espiritualistas que ensinam sobre as Leis do Universo, auxiliando, assim, para mudança da qualidade dos pensamentos do ser humano.

Faço, então, um convite especial a você, leitor:

Vamos juntos desbravar as fronteiras do desconhecido... Percorrendo caminhos desafiadores que nos façam repensar tudo o que aprendemos sobre o maravilhoso e instigante mundo espiritual... Através dos olhos de uma entidade que desafia a sociedade com seu jeito de ser...

A Pombagira!

Mãe Fabiana de Oxum

Introdução

Este livro foi um projeto que recebemos da *Corrente Astral de Umbanda*, dirigido à equipe do *Centro Espírita Amor e Caridade,* e aceitei o desafio. Foram realizadas muitas horas de entrevista com a Pombagira Sete Saias Chefe de Falange, e no período de fevereiro a outubro de 2011, dedicamo-nos à redação deste estudo.

Nosso objetivo, desde o início, até o final dessa empreitada, foi esclarecer sobre a visão espiritual dessa entidade, muitas vezes incompreendida e rotulada, até mesmo por irmãos nossos de fé.

Essa questão deve-se ao conceito distorcido difundido sobre ela. É comum o público em geral relacionar o trabalho da Pombagira apenas às questões amorosas. Ou seja, que a única função dela é fazer amarrações de amor, com homens casados ou solteiros, para as mulheres e vice-versa e outros tipos de relacionamentos, mas sempre amorosos.

Lamentavelmente, quem pensa dessa maneira está muito distante da concepção do trabalho da entidade. Por isso a importância desta obra dentro de um contexto espiritual, mostrando um perfil pouco conhecido da Sete Saias. Os leitores perceberão, desde o primeiro capítulo, como esta entidade é bem diferente daquilo que apresenta o senso comum. Acompanhe-nos nessa aventura e encante-se com os segredos revelados por esta entidade, serva de Oxum.

Agradecemos desde já sua atenção, que Oxalá o abençoe e abra seu coração para a leitura instigante que está por vir.

M. C. Guedes (entrevistadora)

Capítulo 1

Conhecendo a Pombagira

Como se originou esse nome?

Pombagira Sete Saias:

A expressão Sete Saias deriva-se da *linha*[3] de que eu faço parte, ou seja, não sou eu, mas uma equipe quem recebe essa denominação. Sou uma Pombagira de Lei, chefe dessa *falange*, e trabalho para o bem das pessoas, consequentemente para o bem também da Umbanda.

Cada entidade denominada Pombagira supervisiona sete falanges compostas por sete mulheres que trabalham na linha de *esquerda*, que é também conhecida como *linha de Pombagiras e de Exus*. Por sua vez, dessas sete *legiões* de mulheres há outras sete e assim sucessivamente.

Para as entidades, o nome não tem o mesmo significado como para os seres humanos. Podemos citar algumas linhas que trabalham na falange de Pom-

---

3 Linhas: *uma uma linha ou vibração equivale a um grande exército de espíritos missionários e em evolução que presta obediência e trabalho a um chefe espiritual representante dos Orixás.*

bagiras: Sete Saias, Rosa dos Ventos, Maria Padilha[4], Menina da Praia, Maria Mulambo[5] e outras... A expressão de lei significa que esta entidade trabalha na linha do bem, ou positiva.

Como a senhora se tornou uma Pombagira de Lei?

Pombagira Sete Saias:

As Pombagiras começam a trabalhar com essa designação quando ocorre o reconhecimento de que apenas pelo *caminho da Lei e da Ordem Divin*a, que é o caminho do bem, podemos desenvolver uma evolução espiritual efetiva. Surge, então, o entendimento sobre a *Lei de Ação e Reação*. Isso quer dizer que de Lei, são as entidades que trabalham para a evolução do planeta Terra.

Somos ainda envolvidas por um *psiquismo feminino*, que mexe com a sexualidade mais básica dos seres humanos. Atuamos na Umbanda e só trabalhamos para o bem devido à conscientização espiritual que foi traduzida para o entendimento dos encarnados como "fora da caridade não há salvação".

Trabalhamos na linha feminina em conjunto com a vibração dos Exus masculinos, pois a vibração de nossa linha é a mais próxima da humana. Na espiritualidade, auxiliamos os *Orixás*. Somos nós que

---

4,5 *Maria Padilha e Maria Mulambo em algumas correntes de Umbanda e de outras religiões afro-brasileiras são consideradas Pombagiras e em outras são consideradas Encantadas.*

trazemos (assim como também fazem os *Erês*[6]) recados diretamente das entidades de todos os planos superiores. Tomamos "conta" dos *oráculos*, principalmente dos jogos de búzios e cartas, quando estes estão devidamente imantados com nossa corrente vibratória.

Qual a diferença entre a senhora e as outras Pombagiras que não recebem o título de Lei?

Pombagira Sete Saias:

Primeiramente, deve-se entender que muitos *kiumbas*[7] se passam por nós. O médium que não tem entendimento e experiência, por vezes, aceita com passividade a influência de qualquer espírito sobre sua *aura*, sem em nenhum momento confirmar a veracidade das palavras da entidade que ali está ou mesmo de suas vibrações.

Mas aqueles guardiões responsáveis, que possuem missão positiva com seus médiuns, são designados pela sua própria história espiritual a trabalhar em determinada linha, que seja a mais adequada para ele evoluir.

Nesse aspecto também é verificado como agiu

---

6 *Erês: espíritos de grande evolução que trabalham ou atuam de forma missionária, na linha de espíritos infantis; são também aqueles que trazem recados diretamente dos Orixás. Os Exus também executam esta tarefa.*
7 *Kiumbas: espíritos que se encontram desajustados à lei, fazendo apenas o mal e provocando obsessões, doenças e todos os tipos de males nos encarnados.*

em suas *encarnações*, que foram designadas pelos *engenheiros do karma* (ou *senhores do karma*). Em seguida, se for autorizada a trabalhar na linha de Pombagira, essa entidade passa por um período de estudo voltado para seu crescimento espiritual, e só depois de concluída essa fase ela é colocada para trabalhar como *guardiã*.

Dessa maneira, ocorre uma evolução em conjunto: da entidade e do médium. Em geral, começa-se a trabalhar com pouco conhecimento, e é muito comum ocorrerem falhas ou erros que podem ser do médium ou da incorporação; essa questão é influenciada pela moral do médium e da entidade.

Com o tempo, se o médium buscar a evolução (e isto depende de seu esforço pessoal), outras entidades virão com o objetivo de beneficiá-lo. Normalmente, eles se desenvolvem e evoluem juntos, tendo suas exceções (cada caso é um caso).

No caso de a entidade ser de um plano inferior, que contribuía para o mal, recebe uma oportunidade de trabalhar num local onde há espíritos mais evoluídos e ocorre uma "conscientização" desta entidade para agir pelo bem. Assim, ela é designada por seu merecimento a ir trabalhar em outro terreiro, com um médium que possa contribuir para sua evolução.

Falei das entidades ainda em graus mais simples de compreensão e trabalho espiritual. Pombagiras de Lei já têm um nível de especialização conquistado pelo tempo de trabalho, e, dessa forma, suas ações dirigem-se para o bem-estar do próximo e à harmonia dos planos. Outras entidades ainda não atingiram esse patamar, mas, de acordo com a vontade de Jesus, nenhuma ovelha será perdida.

Explique sobre seus sentimentos e desejos. A senhora faz par amoroso com algum Exu?

Pombagira Sete Saias

Não funciona assim. Como na Terra, no mundo espiritual existe sintonia entre os seres, mas muitos de nós, em planos mais sutis, já superamos os apegos da carne. Dependendo do plano, porém, podem existir casos em que o Exu e a Pombagira façam par amoroso e sempre são amigos ou colegas de trabalho. De acordo com as ações do ser, há *ajustes kármicos* em nossa faixa e mesmo punições por débitos anteriores. Há casais que podem ficar afastados de seu par amoroso por várias encarnações até que ocorra o resgate necessário. Servimos como trabalhadores na Umbanda, e nossa parceria também tem a ver com nosso material fluídico, que é bem parecido com o do encarnado, por isso ainda conservarmos sentimentos semelhantes aos de vocês.

A senhora já teve encarnação na Terra? Quando? Pode dizer-nos quem foi na sua última vida?

Pombagira Sete Saias

Foi-me tirado o véu do erro. Não é importante essa questão.

A senhora está sempre fumando. Qual a razão desse vício?

Pombagira Sete Saias

Não é vício, é um instrumento de trabalho. Através de movimentação astral, a fumaça descarrega as pessoas, como um defumador mais "direto". Não deixo nenhum fluido de nicotina nos pulmões de meu "cavalo"[8]. Astralmente, há uma explosão de energia quando a fumaça dispersa as cargas negativas e descarrega a pessoa e o meu "cavalo".

Utilizo também outros instrumentos de trabalho, que são meus *símbolos*: como o leque, o pente, as saias da cor da minha vibração, que é vermelha e preta[9].

Num trabalho para desimpregnação, posso utilizar a pólvora, que contunde o corpo astral dos *kiumbas* ou *eguns* e retira as larvas e cargas negativas,[10] que podem estar "coladas" (modo mais fácil de compreender) na aura das pessoas. Há *equipes socorristas*, que estão a postos para o auxílio dessas entidades e

---

[8] *Cavalo: forma com que as entidades designam o médium que as incorpora e as auxilia em seu trabalho espiritual, para isto, muitas vezes, é usado o fluido corporal deste para os mesmos fins aqui citados.*

[9] *Exus e Pombagiras usam essas cores, vermelho e preto, pois são cores com a frequência mais próximas àquela dos encarnados.*

[10] *Larvas: da mesma maneira que existem as larvas no nosso ambiente terrestre, existe uma contraparte semelhante a elas no campo espiritual. Trata-se de seres que se alimentam de vibrações baixas, fétidas, putrefatas que muitos encarnados emitem com pensamentos de vibrações negativas.*

as encaminham aos locais mais adequados de acordo com seu merecimento.

As cores vermelhas e pretas absorvem vibrações; as roupas e artefatos que a Pombagira usa auxiliam no trabalho de limpar os consulentes e o ambiente. Esses símbolos e cores aproximam-se da energia do ser humano usamos a emanação do seu ectoplasma[11]. A saia preta e vermelha rodada da Pombagira é uma ferramenta para descarregar. A cor do sangue é utilizada em nosso trabalho e apresenta uma vibração pesada e forte.

Há uma vibração de força nos terreiros, que puxam e barram energias negativas. O *terreiro físico* é parte do *terreiro no astral*, que fica no mesmo local que as pessoas frequentam.

A queima do fumo do cigarro e do charuto do *Caboclo*, assim como o cachimbo dos *Pretos-Velhos*, descarrega o ambiente, os médiuns e os frequentadores do terreiro, através da fumaça, tanto física quanto astralmente.

---

11 *Ectoplasma: substância fluídica, amorfa, que emana do corpo do médium e serve para a produção de fenômenos de efeito físico, podendo tomar formas diversas. Facilmente fotografado, de cor branco-acinzentada, vai desde a névoa transparente à forma tangível. O ectoplasma está situado entre a matéria densa e a matéria perispirítica (duplo etéreo), sendo extremamente sensível, animado de princípios criativos, que funcionam como condutores de eletricidade e magnetismo, mas que se subordinam, à vontade do médium, que os exterioriza, ou dos espíritos desencarnados, que se sintonizam com a mente mediúnica. O ectoplasma seria substância originária no protoplasma das usinas celulares.*

Às vezes, caminhamos por todo o terreiro, associando o movimento ao espalhar da fumaça, seja andando em linhas retas, em círculos ou simplesmente sentadas em uma cadeira. A movimentação do "cavalo" e a conexão mental conosco são importantes, e seu intuito é retirar as energias negativas impregnadas no ambiente em que trabalhamos.

Qual a ligação das Pombagiras com Iemanjá, com Oxum e com outras linhas femininas?

Pombagira Sete Saias

Todas as linhas de *Orixás* possuem equipes espirituais que englobam *Erês, Pretos-Velhos, Caboclos, Boiadeiros, Baianos, Sereias, Ondinas, Exus, Pombagiras* e outras entidades afins. Todas as entidades de Umbanda trabalham em prol da evolução do ser humano e para o alcance de sua felicidade. A maior parte das pessoas não compreende como funciona o trabalho dos guias espirituais. No plano astral, existe uma organização completa, bem estruturada. Ali existe colaboração total, de todas as linhas. Prevalece sempre o senso do desejo de fazer o bem e, nesse percurso, esforços surpreendentes são feitos para alcançá-lo.

Pictografia de Sete Saias

Esta pictografia foi feita em um sábado; mais uma vez, estava digitando, neste caso, provas escolares, pois sou também professora, quando ela novamente me mostrou uma imagem. Imediatamente fiz este desenho.

Capítulo 2

A Evolução Espiritual da Pombagira

No plano astral há escolas para o espírito adquirir novos conhecimentos? Há também um trabalho desse gênero para as Pombagiras? Quem são seus mestres?

Pombagira Sete Saias

Há, sim, estudos, que são feitos em graduação, no qual se tem as partes teórica e prática. De acordo com os estudos, recebemos as missões que vão evoluindo com nossas conquistas e merecimentos. Exus e Pombagiras são membros integrantes da *Corrente Astral de Umbanda,* e muitos estão em estágio de *reestruturação espiritual,* de *ressarcimento de débitos kármicos.*

Assim que há a conscientização da necessidade de uma reforma íntima espiritual, há uma "escola" ligada à *espiritualidade* maior que os acolhe.

Dessa maneira, praticam somente o bem e podem ser chamados de *Guardiões de Lei,* buscando sua própria *evolução espiritual.* Como sua função é combater o mal, eles fazem o encaminhamento de irmãos que, no passado, estavam em situação semelhante à deles. Esses espíritos são levados a seus superiores (professores) e, se realmente quiserem seguir o evangelho de *Oxalá*, vão para um "retiro espiritual", onde serão treinados para trabalhar na caridade, ao lado daqueles que os ajudaram. Ou seja, serão ajudantes ainda, mas já é um grande passo. Obviamente, os Exus e as Pombagiras têm uma grande caminhada pela frente, como todos. Os Pretos-Velhos e Caboclos encontram-se muitos degraus acima de nós nessa grande escalada da evolução do Universo.

Como ocorre a escolha do médium no trabalho de incorporação? Ele pode ajudar na evolução da entidade ou vice-versa?

Pombagira Sete Saias

A escolha dá-se com o objetivo de beneficiá-lo, numa simbiose *kármica* que permite a *evolução coletiva*. Antes de encarnar, os *senhores do karma* já definem as entidades que vão trabalhar com os seus médiuns. Em seguida, se for designada para atuar como *guardiã*, essa entidade será preparada e, depois, será colocada na função de Pombagira. Desta maneira, vão desenvolver-se mutuamente, porém, mais de acordo com a evolução espiritual do médium. É muito comum ocorrerem erros e falhas; esses erros são originados geralmente pelos conflitos da orientação moral do médium.

O médium é, por um longo tempo, direcionado pela equipe a seguir sua missão, caso não consiga, ele poderá tentá-la numa próxima encarnação, com maiores esforços, dificuldades e provas.

As entidades de trabalho são escolhidas pelos *senhores do karma*, contudo, repito que há a importância da *afinidade moral*, dos valores, das crenças e da postura ética do médium, que deve estar alinhada com a do espírito que for incorporar.

A senhora também incorpora em médium do sexo masculino? Em caso de a resposta ser afirmativa, explique-nos como se dá essa incorporação.

Pombagira Sete Saias

Não olhamos o gênero e, sim, a missão. É uma *parceria espiritual*. Não importa se o médium é homem ou mulher. Pode, sim, ocorrer a incorporação[12] de um Preto-Velho em uma mulher-médium e uma incorporação de uma Pombagira em um médium-homem. Há no "senso-comum" uma máxima que se o médium-homem recebe uma Pombagira, obrigatoriamente ele será homossexual. Isso não é verdade.

---

12 *Incorporação: é a modalidade mediúnica em que o médium sintoniza a vibração da entidade em seu corpo astral e esta se manifesta através do físico. A sintonia é mental, emocional e ocorre pela emissão de fluidos ectoplasmáticos, podendo produzir contatos chamados de irradiação intuitiva (que na verdade não é uma incorporação, mas uma projeção mental), semi-consciente ou inconsciente. Na irradiação intuitiva, o médium fica consciente, isto é, ele sabe que está ali, sente, observa, domina o corpo e controla o raciocínio, mas recebe intuições de seu guia, para fazer o trabalho, porém o médium pode interferir, atrapalhando o trabalho de seu mentor. Na incorporação semi-consciente, o médium pode interferir ou não, depende de como o guia e sua mediunidade estão atuando naquele momento. Na incorporação inconsciente, o médium não se controla e até perde a noção de si próprio, não tendo conhecimento do que ocorreu durante o trabalho. É a entidade que atua, e só ela mesma. O médium perde, também, a noção de tempo.*

Podem existir médiuns homossexuais e médiuns heterossexuais, independentemente da entidade. Não tem fundamento achar que um homem mudará de orientação sexual por receber uma entidade feminina e vice-versa.

Não estando incorporada, como ocorre a sua comunicação com o médium?

Pombagira Sete Saias

Principalmente pelo pensamento. A entidade fala, e o "cavalo" reconhece a sua voz pelo pensamento. Os médiuns podem chamar a entidade sempre que for preciso, fazendo uma ligação mental com ela. Através do pensamento, o médium chama seu guia ou entidade sem que haja uma *incorporação*. As entidades são escolhidas pelos *senhores do karma*, contudo, como já expliquei, é imprescindível a *afinidade moral*, dos valores, das crenças e da postura ética do médium, que deve estar alinhada com a do espírito que for incorporar. Caso contrário, não haverá *sintonia mental*, ocasionando uma ausência de *afinidade* entre eles.

O que a senhora faz no mundo espiritual quando não está incorporada? Há diversões ou somente trabalho?

Pombagira Sete Saias

Conforme a quantidade de créditos envolvendo trabalhos de caridade, há merecimentos. Você tem direito a "fazer outras coisas", por exemplo: visitar entes amados. Mesmo quando não há incorporação, estamos espiritualmente em todos os casos que nos são confiados, nos trazendo grande espiritualidade, exercendo a caridade ensinada por *Zambi*. O sentimento de satisfação pelo dever cumprido é o que podemos dizer como uma recompensa sem preço, algo tão agradável, que isso se torna a nossa maior "diversão".

A senhora pode simplesmente deixar de ser uma Pombagira? Qual seria a razão para tal acontecimento? Há pessoas que chamam as Pombagiras de Ciganas. Por que esse título?

Pombagira Sete Saias

Não, não posso deixar de ser uma Pombagira, já que não há mais esse sentimento de minha parte. As Pombagiras têm essa designação (Ciganas) porque tiveram conhecimentos e vivências pelo mundo inteiro através de suas reencarnações.

Capítulo 3

Trabalhos realizados pela Pombagira

Explique como se processa o "trabalho de amarração", tão procurado pelas pessoas.

Pombagira Sete Saias

Espíritos que não são da Lei e o médium que não é evoluído aceitam e fazem normalmente este trabalho, que tem a validade de, em média, sete anos.

Gostaria de quebrar um paradigma: todo trabalho de "amarração" é basicamente um trabalho de hipnose, no qual todos os envolvidos - desde a pessoa que pede, passando pela pessoa que aceitou (médium) até as entidades que o executaram a pedido dos médiuns - cometeram um crime contra a *Lei de Deus* e do *karma*.

Quando se "amarra" uma pessoa, pede-se que entidades negativas hipnotizem a vítima. Elas se encostam à pessoa e, com seus fluidos, confundem sua mente, induzindo o subconsciente a se apegar desesperadamente àquele que pediu o trabalho. Essa situação é forçada e interfere no *karma* da vítima, desviando-a do caminho que ela deveria seguir naturalmente. Porém o solicitante do trabalho vai receber a *lei de retorno*, inclusive as dificuldades que a vítima teria de passar, o pedinte é quem vai passar - doenças, conflitos, decepções...

Quanto ao médium, que foi executante e co-autor, sofre também penalidades, ainda que não saiba que seja errado este tipo manipulação magística. A *lei do karma* virá, porque ele utilizou seu dom para fazer o mal. Quando o médium já tem consciência desse mal e mesmo assim o pratica, recebe os fluidos negativos endereçados à vítima.

As *entidades* que participaram e se comprazem no mal, consequentemente recebem seus revezes segundo a Lei: algumas são escravas, aqueles que fazem o que seu líder manda, outras ainda são apenas mercenárias, querem ganhar algo do solicitante do trabalho, mas todos os envolvidos colhem o que plantaram, mais cedo ou mais tarde, e de maneira proporcional ao seu envolvimento. Por isso, de modo algum se deve realizar "amarração", ou qualquer outro tipo de trabalho negativo.

Não confunda tais práticas com a magia positiva para a união de casais que estejam passando por algum tormento emocional e que foram unidos por um amor verdadeiro.

Gostaríamos de frisar que as pessoas que recorrem a esse tipo de "trabalho" têm um complexo de inferioridade enorme, porque "amarração" não deixa de ser uma escravidão, já que a movimentação dessa magia inferior deixa sua vítima totalmente cega devido à quantidade de energia negativa que é movimentada, deixando-a incapaz de pensar por si mesma.

No início, tudo é uma "lua de mel", mas, depois, torna-se uma "lua de fel", porque a vítima está literalmente amarrada à outra pessoa e logicamente haverá brigas e discussões no futuro. Já a pessoa que pediu o "trabalho" não será feliz com seu amado, porque quem ama liberta.

A magia negra é desprovida de ética. Amor verdadeiro é aquele construído por gerações e gerações, de companheirismo e intensa sintonia espiritual, em que laços verdadeiros fortalecem-se a cada instante.

Uma pergunta que as mulheres sempre querem fazer é: todas possuem uma Pombagira? O que ela pode fazer por nós?

Pombagira Sete Saias

As pessoas que têm missão mediúnica recebem, sim, a Pombagira, dentro das religiões afro-brasileiras. A mulher pode ter uma Pombagira e não incorporá-la, e ela será ajudada pela entidade da mesma forma. Podemos atuar em qualquer segmento religioso, mesmo os que não utilizam a mediunidade.

Toda mulher que é médium, independentemente de sua religião, tem conexão com uma de nós, que realiza sua missão no silêncio. Por exemplo: uma mulher que é católica e nunca foi a um terreiro de

Umbanda pode ser médium e não ter conhecimento disso. Da mesma maneira, a ela é designada uma Pombagira para ajudá-la em toda a sua existência, com o objetivo de encaminhá-la para seguir sua missão espiritual.

Em tempos atrás, no Brasil - e em vários lugares do mundo colonial - as mulheres não mostravam nenhuma parte do corpo, até as mãos eram cobertas por luvas e durante a missa, tinham de usar um véu para cobrir o rosto. Ou seja, a repressão da sexualidade era muito grande por parte da sociedade. A Pombagira veio romper isso utilizando símbolos de libertação, com suas roupas coloridas e insinuantes, fruto dos desejos inconscientes das próprias mulheres. Uma Pombagira não tem pai, marido ou amante que mande nela, ela não é submissa a nenhum homem. Ela tem, sim, seus mentores espirituais e realiza sua tarefa de ajudar as pessoas. Manifestam-se alegres, extrovertidas, bonitas e, por compreenderem as mulheres de forma tão profunda, podem auxiliar na auto-estima e na sexualidade feminina.

A senhora pode explicar mais sobre isto? De que forma a Pombagira pode ajudar a feminilidade de suas médiuns?

Pombagira Sete Saias

Essa é uma questão complexa. Existem médiuns que necessitam de nossa ajuda, porque são travadas e fechadas ao ponto de dificultar seu desenvolvimento evolutivo, e existem também médiuns que já são extremamente femininas, neste caso, não interferimos, a deixamos ser como ela é. Isto vai depender de cada caso.

O que deve ser evitado é que ocorram excessos por parte do médium, interferindo no nosso trabalho, no que queremos fazer. Esta é uma questão que o médium tem de trabalhar muito, principalmente se for consciente: deixar a sua Pombagira atuar, se for necessário ela agir, mas sem que o médium se exceda.

O problema é quando se passa do limite, o que pode ser prejudicial para o próprio médium, que às vezes, utiliza desta condição para conseguir coisas que normalmente não conseguiria, e isto causa complicações. O médium deve ter confiança em si mesmo, quando está numa condição normal.

O médium que exagera, que utiliza da sua mediunidade, que interfere na consulta para obter benefícios pessoais, está agindo contra a vontade de seus guias, portanto, cuidado - com este tipo de atitude, porque todos sabem que a *lei do karma* é muito forte, a *lei da ação e reação* é definitiva. Já citei diversas vezes e continuarei falando para que as pessoas acordem para esta lei.

É necessário compreender que *toda ação tem uma reação*. E a interferência é uma ação do médium contra a ação da entidade. O trabalho deve ser feito com consciência e, para agir da melhor maneira possível, é preciso evitar a todo momento - a interferência - e o excesso.

A Pombagira pode influenciar o médium para realizar seus objetivos pessoais? Uma vingança, por exemplo?

Pombagira Sete Saias

Sim, se ela não for evoluída espiritualmente. Há, também, espíritos que utilizam o nome "Pombagira", mas, na verdade, não fazem parte de nossa corrente. As *verdadeiras guardiãs* não se prestam a esse tipo de conduta, veja o que falei sobre "amarração".

Como se processa o desencarne de um médium que trabalha com a sua linha? E das pessoas de outras religiões?

Pombagira Sete Saias

O desencarne ocorre de acordo com seu merecimento. Dessa forma, cada um será ajudado de forma diferenciada. Nas religiões que não retratam o mundo espiritual pós-morte, há grande dificuldade de aceitação e entendimento por parte do espírito que se vê perdido. Já os seguidores de religiões que aceitam a imortalidade do espírito - a reencarnação - como umbandista, espírita e outras mais, o despertar após o desencarne acontece de maneira mais tranquila...

O desencarne processa-se com o desligamento do perispírito[13], que é ligado ao corpo físico pelo chamado cordão de prata. Esse desligamento é rea-

---

13 *Na Umbanda e em outras denominações espiritualistas também é chamado de "Corpo Astral".*

lizado por espíritos que têm a função de *socorristas*. De acordo com a opção religiosa do desencarnado, ele será encaminhado a um local onde vivem espíritos da mesma religião, isto se ele soube cultivar em sua existência virtudes e se praticou o bem.

Caso contrário, qualquer que tenha sido sua religião, ele seguirá para um local de sofrimento, imposto por sua própria consciência, por conta de seus atos infelizes.

Ou ainda podem dirigir-se a um local de espera, aguardando que os *senhores do karma* os designem para locais de seu merecimento, no qual pagarão por seus débitos praticados contra a *lei do amor*, assim eles vão refletir, orar e arrepender-se com sinceridade, recebendo o auto-perdão e o perdão de Deus.

É importante ressaltar que o perdão dos pecados não isenta a consequência dos erros cometidos e, certamente, o individuo vai responder por eles em seu futuro. Inicia-se uma nova fase, e ele vai para uma colônia espiritual para ser tratado psicologicamente: vai estudar, ajudar o próximo e evoluir, aguardando outra chance de redimir-se com uma nova reencarnação. Ocorre também que muitos espíritos não se desprendem de seus familiares e ficam ao seu lado, outros se sentam em suas lápides e aguardam a chegada de entes amados, não se dando conta que são espíritos e que desencarnaram. Dessa forma, não conseguem sequer perceber os irmãos socorristas, devido a sua baixa vibração.

Quando a senhora trabalha num terreiro, é fiel somente a ele?

Pombagira Sete Saias

Vamos aos locais onde as missões são determinadas por nossos superiores. Observo que ocorre um desenvolvimento maior em um determinado terreiro (quando há reuniões de estudo) do que em outro que não cultiva o ensinamento, assim, trabalhamos com mais facilidade onde o médium é mais evoluído espiritualmente. Numa linha existem centenas de en-tidades trabalhando. Na minha *linha*, por exemplo, há um local específico onde são definidas as funções. Um mesmo espírito, que trabalha em um terreiro, pode também exercer outras funções, da mesma maneira como aqui na Terra. Não se pode confundir *falanges* com *entidades*, pois, numa falange de *Cigana Rosa dos Ventos*, existem centenas de espíritos (seres indivi-duais), que trabalham e recebem todos eles o nome da equipe em que atuam. Isto causa muita confusão, porque uma entidade *Tranca-Ruas*, por exemplo, num terreiro, tem como representante um espírito (ser individual) e, em outro terreiro, com o mesmo nome, outro espírito trabalha na função de *guardião Tranca-Ruas*.

A senhora pode relacionar-se com outras Pombagiras que não são de Lei?

Pombagira Sete Saias

Claro. Há muitas que estão começando agora seu trabalho e necessitam de aprendizado, treinamento, estudo, experiência e prática para que possam evoluir espiritualmente também. Muitos espíritos que arrebanhamos se tornam nossos amigos e, muitas vezes, alunos. Tudo no Universo segue uma lei de evolução natural. Em nenhuma hipótese pode-se pensar em regressão (voltar atrás); pode até ocorrer um estacionamento, por um determinado período, mas nunca, jamais, um retrocesso.

Qual a função de girar o corpo de seu médium em um trabalho (movimento circular)?

Pombagira Sete Saias

Especificamente para limpar, atrair para a saia todo o carrego do ambiente ou da pessoa. Girando, tiramos as energias negativas do ambiente e das pessoas. Atuamos sutilmente por meio da *força centrípeta*. No caso da gira, esse movimento circular vai extraindo as energias negativas do ambiente e dos médiuns participantes e são puxadas para a saia, realizando um descarrego com nossa magia.

Como as Pombagiras trabalham em parceria com os Exus?

Pombagira Sete Saias

Trabalhamos na mesma linha vibratória, na qual o nível energético é o mesmo, o que pode ser comparado a uma parceria, como no trabalho de pessoas da Terra.

Capítulo 4

A equipe de trabalho da Pombagira

A senhora pode descrever-nos como é sua equipe de trabalho?

Pombagira Sete Saias

Sou chefe de falange, da médium e mãe do terreiro[14], mas existem outras entidades *Sete Saias*, que estão iniciando seus trabalhos em outras casas.

Lidero sete falanges, que, por sua vez, formam sete legiões. Estas recebem suas denominações de acordo com as funções de cada entidade, seus nomes são simbólicos e, por último, há as subdivisões.

Uma Pombagira de Lei que já esteja trabalhando no bem há mais tempo supervisiona as novatas que estão iniciando sua trajetória na caridade.

---

14 Terreiro: *nome popular do templo espiritual na Umbanda, no Candomblé e em outras linhas africanistas. Tem este nome, pelo fato de, no passado, na época dos escravos, acontecerem reuniões dentro das senzalas, que eram locais onde o chão era de terra.*

Há uma hierarquia que a senhora tem de respeitar? Em caso afirmativo, quais espíritos participam desta hierarquia?

Pombagira Sete Saias

Sim, na Umbanda esse assunto é muito extenso, mas, resumidamente é assim: Deus (Olorun/Zambi) - o Criador do Universo -, Orixás, Erês, Pretos-Velhos, Caboclos, Boiadeiros, Marinheiros, Pombagiras e Exus de Lei.

Aqui na Terra também há uma hierarquia, por exemplo: juiz, promotor, delegado... No mundo espiritual não é muito diferente, essa hierarquia é cumprida com total exatidão. Para se ter uma ideia mais ampla, a *pátria astral de Aruanda* possui uma população com milhões de espíritos.

A senhora pode ser punida por um ato considerado errado por seu superior?

Pombagira Sete Saias

Posso sim, são atos disciplinadores.

Como se dá o relacionamento no mundo espiritual entre entidades umbandistas?

Pombagira Sete Saias

No mundo espiritual, não existem problemas entre grupos diferentes em participarem de religiões distintas. Todos compreendem a importância do *espiritual* acima de tudo. Como todas as religiões estão inseridas nessa *espiritualidade maior,* não há porque brigar por uma verdade incontestável. Para nós, no *mundo astral,* o próprio *espírito* é prova da existência dele mesmo.

Como surgiu esse símbolo da Pombagira, o tridente[15], que, por sinal, também é o símbolo da Psicologia? Há alguma relação entre eles?

Pombagira Sete Saias

Sim. O símbolo foi inspirado pela espiritualidade. Hoje, temos psicólogos umbandistas muito evoluídos, que enxergam a ligação de sua profissão com o trabalho das Pombagiras de Lei, que agem somente para o bem.

Como psicólogas, atuamos no *inconsciente* e procuramos desvendar os conflitos relacionados à sexualidade de homens e mulheres. Muitos acreditam que nossas encruzilhadas são em forma de T, que representa as trompas e os ovários femininos.

Nos descarregos em que atuamos, muitos pontos riscados mostram o T e o símbolo da psicologia (que é o tridente arredondado).

---

15 *O tridente em várias tradições é o símbolo da transformação do Karma, consubstanciados na Criação, Manutenção e Destruição. O tridente da Pombagira é arredondado pois está ligado a antigos símbolos relacionados às profundezas das águas, onde, em simbologia alquímica, está encerrado o inconsciente. (Nota do Editor)*

Quando o médium não deseja mais trabalhar com a Pombagira, ele pode simplesmente não incorporá-la mais? Há prejuízos espirituais para ele e para a senhora diante dessa atitude?

Pombagira Sete Saias

Pode, porém há prejuízos maiores para o médium, principalmente no que diz respeito a sua evolução, porque a espiritualidade já tem todo um plano para que ele realize suas missões, o médium é que não as está cumprindo.

A entidade não pode desperdiçar seu trabalho na caridade com um médium que não quer trabalhar. Ela continua sua missão, trabalhando no bem e em sua própria evolução.

Contudo, não abandona o médium, tenta resgatá-lo por um tempo que é determinado pela espiritualidade maior, e, dessa forma, a entidade permanece trabalhando com outros médiuns que desejam continuar suas tarefas de ajudar o próximo.

Isto é algo que todos os médiuns deveriam saber, e que nós ainda nos esforçamos para encaminhá-los ao bem, contudo, o ser humano tem alguma noção de seu livre-arbítrio e pode simplesmente negar-se a executar a missão confiada a ele desde antes do seu nascimento.

De qualquer maneira, há consequências para o médium, pois mediunidade não é opção de vida, mas, sim, tarefa escolhida por espíritos de Orbe Superior, enfim, refere-se ao coletivo e não ao individual, por isso, a gravidade desse ato é muito grande.

Então, mediunidade não é opção de vida?

Pombagira Sete Saias

Não. É importante esclarecer inicialmente que existem vários tipos de mediunidade, e todos os seres humanos têm níveis, momentos e formas de atuação diferentes. Neste caso, estou dando ênfase ao médium de terreiro, aquele que tem o compromisso de ajudar no trabalho de *caridade*. Este sim deve compreender que sua missão é sinônimo de responsabilidade, tanto com seus guias, quanto para consigo mesmo.

Na seara umbandista ou espírita, há uma frase que pode, de certa maneira, resumir tudo: o médium pode vir para um terreiro *pelo amor ou pela dor*.

Acredito que muitos que estiverem lendo este livro pensaram na sua própria história. O termo "apanhar da vida" exemplifica que, de uma maneira ou de outra, por sofrimento ou através do amor, a compreensão chega, cabe apenas ao médium enxergar que tudo depende dele mesmo.

O *livre-arbítrio* existe, porém fugir de um compromisso com a espiritualidade só complica a própria situação do médium, já que a mediunidade é a sua redenção, a solução, o que o *espiritual* nos reservou para amenizar e diminuir, através do trabalho, nossos pecados, ou melhor, nossos erros do passado, diminuindo débitos que poderiam ser pesados se fossem resgatados de outra forma. Pensamos assim: não é melhor corrigir um erro ajudando o próximo do que sentirmos a dor da lei na própria pele?

Sendo assim, qual é então a responsabilidade dos médiuns nos trabalhos de terreiro?

Pombagira Sete Saias:

Os médiuns responsáveis devem, a todo momento, deixar que suas entidades em evolução ou evoluídas trabalhem, mas sempre conscientes do que pode ou não ser feito, respeitando seus babás, pais de santo, suas mães de santo e suas *ialorixás*.

A missão do povo da Umbanda, do povo das linhas africanas, do Candomblé e até da Kimbanda é sempre agir em prol da evolução do planeta, e, por isso mesmo, devem, cada vez que evoluírem um passo, abrir suas mentes para o que está por vir.

Porque, a cada passo, uma porta nova vai se abrir. E cabe ao médium, principalmente a ele, agir com consciência, responsabilidade, com muita oração - é importante dizer isto, com muita oração, e com a mente sempre voltada à evolução do planeta.

Capítulo 5

O caminho da evolução espiritual do médium

Quais são as condutas necessárias de um médium para desenvolver-se e evoluir continuamente?

Pombagira Sete Saias

- *Disciplina*, para ter a capacidade de cumprir suas funções;
- *Responsabilidade*, para poder enxergar e saber distinguir o certo do errado;
- *Humildade*, para saber compreender que o aprendizado é uma constante na vida do ser humano e assumir seus erros, refletindo para não voltar a praticá-los;
- *Sentimento de caridade*, sem amor não se faz nada;
- *Mente aberta* para aceitar novas ideias;
- *Seguir os mandamentos de Cristo*, fazendo sempre o melhor de si;
- O médium, para desenvolver-se e evoluir espiritualmente a cada instante, precisa realizar suas funções com *amor verdadeiro e compaixão*, por aquela pessoa que está auxiliando. Na Umbanda, o evan-

gelho de Jesus é colocado em prática todos os dias. A *caridade* deve ser realizada com o único intuito de *servir*, não esperando nada em troca daquele que está sendo ajudado e não devemos proclamar o que nossa mão direita ou a esquerda fez aos outros. A mediunidade é uma oportunidade dada quando encarnamos para sermos um instrumento do bem, da paz e da cura para os irmãozinhos sofredores, tanto encarnados quanto desencarnados.

Durante o atendimento espiritual, os *chakras*, o *corpo físico*, o *corpo astral* e o *corpo etérico* são equilibrados para o médium trabalhar. Jesus, devido a sua grande espiritualidade, quando veio a Terra, teve de reduzir sua frequência vibratória para conseguir realizar sua missão, tamanha mediunidade de que ele era portador. O médium humilde, que gosta de ler e de estudar, está mais apto a realizar suas incumbências, porque vê seus defeitos e sabe que a *reforma íntima* é um desafio diário.

Como a disciplina é uma aliada na evolução de um médium?

Pombagira Sete Saias

Sem disciplina não se evolui: pode-se até subir um degrau, mas se estaciona. Ela é um dos *instrumentos de evolução* que o médium possui. A disciplina deve ser um objetivo a ser alcançado pelos médiuns. Por exemplo: se ele fica nervoso, com raiva e estressado, solta palavrões, essas palavras têm um som diferente e frequência baixa e muda completamente sua sintonia mental com os pensamentos positivos e, num piscar de olhos, há uma compatibilidade com espíritos de baixa sintonia, que passam a acompanhá-lo. Dessa forma, o médium deve prestar atenção em seu vocabulário e falar somente palavras que edificam, acaso não tiver o que falar, é preferível que fique em silêncio, em oração pelo que lhe pede socorro.

Por que o discernimento se torna tão importante para o médium evitar incorporações de espíritos perturbados?

Pombagira Sete Saias

É através do conhecimento, da experiência do dia a dia, do atendimento fraterno, dos estudos, das reuniões de desenvolvimento em que a responsabilidade e a seriedade imperam que o médium começa a perceber, a conhecer e a diferenciar a *entidade espiritual* que está incorporando. Tendo então, a seu favor, esse conhecimento como uma defesa, evitando esses problemas tão frequentes.

O médium, para ter discernimento, deve buscar simplicidade e a não exaltação de suas qualidades, porque, se não for assim, ele vai cultivar um ego enorme e, mesmo auxiliando várias pessoas, vai querer ser o centro das atenções. Essa atitude atrai espíritos negativos, que se fazem passar, por exemplo, por grandes personagens da história.

O pensamento é um veículo de grande importância no mundo astral. Cada pensamento do encarnado tem uma energia e esta gera uma sintonia, atraindo espíritos semelhantes que estão na mesma vibração.

A senhora nos disse, no capítulo 1, que há aulas no mundo astral. Sendo assim, o médium também deve buscar esses conhecimentos por meio de cursos/ leituras espírita-umbandistas, correto?

Pombagira Sete Saias

Deve, acima de tudo, respeitar as normas de seu terreiro, fazer cursos indicados pelos diretores da casa e observar os acontecimentos do dia a dia e saber o que está ocorrendo no mundo.

O estudo não se restringe somente aos umbandistas; todas as pessoas que se dedicam a uma determinada religião e têm o coração sincero devem estudar para desenvolver-se espiritualmente e atrair a companhia e proteção de *espíritos evoluídos*, que estão sempre dispostos a auxiliar-nos em nossas imperfeições até que nossa *reforma íntima* esteja completa, que pode ser facilitado com a da leitura de obras edificantes, que façam refletir sobre a necessidade de mudança.

Sabemos que a literatura espírita utiliza a expressão: "fora da caridade não há salvação". Como essa expressão pode servir para a disposição do médium umbandista no trabalho com os espíritos sofredores e com as pessoas desencarnadas infelizes, que também precisam de ajuda?

Pombagira Sete Saias

O *evangelho* é a base de tudo e o desejo de ajudar ao próximo - deve ser seu guia sempre. Quem o segue conseguirá, com certeza, realizar sua missão. Mas o sentimento de amor e realização por cada fruto colhido de sua plantação é seu maior motivador. Praticamente está tudo aí, resumido e de forma clara.

Uma grande rede de televisão brasileira veiculou uma propaganda no dia 20 de junho de 2011, sobre a liberdade religiosa e citou a Umbanda. A presidente da Sociedade Umbandista do Rio de Janeiro falou sobre Umbanda. Como a senhora vê esse apoio da mídia a nossa religião?

Pombagira Sete Saias

Vejo, é claro, de uma maneira positiva, e já sabíamos bem antes do dia, porque, no plano espiritual, tudo é programado. Este é um exemplo do começo de uma grande modificação que está ocorrendo em seu planeta. A Umbanda tem sido confundida até hoje pelas pessoas.

Na essência e no seu fundamento, a Umbanda é uma religião brasileira, que só procura fazer o bem, e a *caridade* é seu lema.

Seus médiuns têm orientação de não incorporarem em casa, somente no terreiro, que é onde devem ser dadas as consultas. Há reuniões de estudo do evangelho de Jesus, sobre os Orixás e todos os guias e também de desenvolvimento espiritual. Essa emissora teve uma excelente iniciativa e desejamos que esse tipo de propaganda esclarecedora fosse mais comum.

A senhora pode dizer-nos o que mais percebe de errado nos terreiros de Umbanda em que trabalha?

Pombagira Sete Saias

Mistificação é o maior problema hoje, no qual as entidades lutam no plano astral para poder ajudar os médiuns a não caírem nessa armadilha.

Esse tipo de comportamento ocorre quando o médium interfere diretamente no trabalho da entidade, ou nas mensagens recebidas por seus guias, deturpando-as e modificando-as, dando outro rumo à consulta. O médium age de forma inadequada, visando seu benefício próprio e conseguir o que deseja dos familiares e dos consulentes.

Capítulo 6

Opinião da Pombagira sobre temas polêmicos

Entendemos que seu trabalho é amplo. Contudo, a Pombagira ainda é muito identificada às questões afetivas e sexuais. Gostaríamos de conhecer sua opinião acerca de alguns temas pouco abertos em nosso meio. Como a senhora entende e trabalha em relação a prática de aborto (tanto em relação aos pais quanto ao espírito abortado)?

Pombagira Sete Saias:

Vou tentar ser o mais concisa possível. É a lei de Deus que o homem tem de seguir. Se fosse o contrário, não haveria tanto espírito reencarnando, pedindo para vir a esta terra. Preste atenção: às vezes, o espírito necessita ter um resgate com aquela pessoa, e ela não aceita aquela criança que está em seu ventre, sente-se mal.

É interessante que a mãe, muitas vezes, deseja abortar, porém ela se sente mal em relação àquela criança, porque normalmente existe uma ligação de resgate com aquele bebê, com o espírito que vai nascer. Algumas mães conseguem passar por cima disso. E prosseguem com suas gestações tranquilamente, deixando a criança nascer.

O aborto é uma situação de resgate muito complicada. Normalmente, o espírito que está querendo encarnar é aquele que, em outras vidas, com aquela mãe, teve algum tipo de atrito.

Não se designa aqui quem é o culpado. Pode ser a mãe ou o espírito da própria criança que, em outros tempos, tiveram uma diferença de opiniões que culminou em uma antipatia espiritual.

A mãe, muitas vezes, não consegue sentir, por causa da antipatia espiritual, que a criança vai ajudá-la. E, muitas vezes, ela está reencarnando justamente com este objetivo. Deus a colocou na vida da mãe para trazer coisas boas.

Além do resgate, Deus também põe "anjos" na vida da pessoa. Às vezes, a pessoa tem uma vida sofrida, passando de mal a pior, sem nenhuma motivação para seguir adiante. Aquele bebê também vem para ajudar, sendo que, muitas vezes, é um espírito abnegado, que vê a dificuldade da pessoa encarnada, e deseja vir ajudá-la. E, às vezes, a mãe, por sentimentos mesquinhos, tais como: "não é a hora certa", "ocorrerão modificações no meu corpo", "não é este o pai que desejo para a criança", "devo dar mais prioridade a minha carreira" e motivos como estes, resolve tirar o filho de seu ventre.

E, assim, comete a maior tolice que poderá vir a fazer em sua vida, pois está "atirando ao lixo" seu próprio futuro. Aquela criança viria para ajudá-la, auxiliar a mãe de várias formas: financeiramente, amorosamente, carinhosamente, reduzindo os maus hábitos que a mãe pode ter, auxiliando assim em sua evolução. A criança está ajudando a mãe. Cometendo o aborto, está literalmente jogando fora a "sorte" que Deus lhe deu.

O aborto não deve ser feito; é um crime tirar a vida de uma criança. Não é dado, neste momento, ao ser humano o direito de conhecer sua procedência espiritual, de outras vidas, pois, senão, seria muito fácil, poderiam ocorrer escolhas, apenas aceitando aqueles com quem se tem afinidade e renegando aqueles com quem se tem diferenças. Simplesmente seria colocada nas mãos daquela pessoa uma decisão.

De qualquer maneira, a mãe deve entender que o motivo é sempre o bem dela mesma. A mãe deve deixar que seus instintos maternos, que estão latentes, aflorem, e ela possa amar aquela criança sobre todas as coisas.

Em muitas situações, também, acontece de a mãe receber um "anjo" em sua vida, um espírito evoluído como filho, e então, muitos *eguns* e *kiumbas*, espíritos que não querem que ela receba esta ajuda, durante o período da gravidez, insuflam pensamentos negativos em sua mente. Conselhos como: aborte! Livre-se desta criança! Ela vai estragar a sua vida! E a mãe começa a sucumbir a essas influências negativas.

Cabe à mãe negar qualquer tipo de pensamento que seja contrário ao nascimento. O que ela está escutando não são seus próprios pensamentos, mas, sim, pensamentos daqueles que querem que ela cometa este crime e que "bagunce" mais ainda sua vida, jogando fora a oportunidade de evoluir mais, que pode ser por meio de um resgate ou de uma ajuda de Deus para ela ter um futuro melhor.

Muitas vezes, vemos casos de mães afirmando que não desejavam ter o filho, mas, após o nascimento, mudam totalmente de opinião. Dizem que o bebê é o amor da sua vida, sua preciosidade, motivo de viver, etc. Mas, antes do parto, ouviam todo tipo de pensamento negativo.

É muito complicado para o espírito da criança o fato de ser rejeitado pela mãe. Apesar disso, ele continua próximo a ela para uma segunda tentativa de nascer. Muitas vezes, sente revolta, causando uma situação ruim para os dois lados. De qualquer forma, fica bem claro que o aborto não é algo positivo, é contrário à evolução do ser humano, e as pessoas devem resistir a esta tentação, principalmente os espiritualistas, que já têm informação suficiente.

Quando a mãe deixa que pensamentos ruins dominem suas decisões e comete o aborto, ela vai entrar em depressão, adoecer, ficará mentalmente desnorteada... Porque, no fundo, ela desejava a criança, mas não suportou as correntes negativas e caiu na tentação de cometer o aborto.

O aborto é uma agressão que a mulher pode cometer contra um ser espiritual. Por outro lado, a mulher ainda é vítima de muita violência sexual pelo mundo. Por que ainda acontecem tantos casos assim?

Pombagira Sete Saias:

Existe tanta violência contra a mulher porque o homem possui instinto e inteligência, mas, em algumas situações, deixa que o instinto animal tome conta do seu espírito e anule sua inteligência emocional e psicológica e, consequentemente, comete este abuso.

Muitas vezes, há influência de espíritos negativos e trevosos. Quando o homem perde a noção da consciência de tudo o que ele aprendeu nesta vida e chega a esta condição, sempre existirão *eguns* o influenciando, até mesmo pela faixa vibratória baixa em que se encontra.

O que ocorre é que a sociedade atual vive um momento de transição, em que alguns espíritos masculinos, no caminho em que se encontram, não conseguem ter limites, estão "perdidos" psicologicamente e, nesta situação tornam-se presas fáceis para o astral inferior (eguns, kiumbas, trevosos), que valem-se desta fraqueza momentânea e os tornam mais propensos a agir apenas de acordo com seus instintos.

Também está envolvido um atraso espiritual do homem inteligente, que sucumbe às más influências espirituais. Existe o homem evolutivamente "atrasado", no qual a maldade ainda domina seu ser e que não possui limites sobre qualquer sensação acima do que ele deseja. Isto vai acarretar-lhe sérias consequências em seu futuro, e ele não poderá fugir da responsabilidade e do peso de ter feito uma agressão tão grave.

Não se deve dizer "amém" para tudo o que está acontecendo e dizer que Deus quer. Não é nada disso, a resposta simples para alguns é dizer que Deus quer. Deus quer, sim, os filhos felizes, evoluindo em direção ao bem maior. Deus não gosta, os Orixás não gostam de ver seus filhos sofrendo, não existe esta afirmação. Eles querem ver-nos felizes. Nenhum crime é justificável. A maior parte das atitudes do ser humano é de egoísmo, orgulho, ambição desenfreada; todos os adjetivos negativos vêm para atrapalhar a evolução. Eles destroem a racionalidade do homem, o tiram do caminho reto. Nenhum crime é justificável, o objetivo sempre é dar o melhor de si.

Como podemos ajudar uma mulher que foi abusada sexualmente? É possível reverter este trauma? O que a senhora aconselha?

Pombagira Sete Saias

A mulher que sofreu abuso sexual passa realmente por uma provação séria. Ela foi desrespeitada, marcada em seu espírito, o que possivelmente acarretará uma depressão futura.

Ninguém deve dizer que esta é uma situação pela qual ela deveria passar, como os crimes que são cometidos todos os dias. São provações por que as pessoas passam, mas não há como dizer se vai acontecer com ela ou com o outro. São crimes como tantos outros que vão ter sua consequência no futuro. É um abalo que a mulher sofre espiritualmente; seu espírito é violado. Esta é uma situação em que um espírito quer dominar o outro, em que não existem limites e o espírito age de maneira irracional. A mulher vai passar por traumas, certamente.

O que nós podemos fazer, se for uma médium, é inspirar pensamentos em que ela tenha consciência de que precisa continuar sua missão, colocando boas vibrações para que ela tenha força. Também é feito um trabalho de limpeza do perispírito, pelo fato que este abuso faz com que a médium sofra modificações e prejuízos, situação em que é atingida até a "alma", proporcionalmente com a intensidade e quantidade de vezes que isso possa ter acontecido.

Com a profundidade do dano espiritual, nós realizamos uma limpeza deste fluido, que também é feita de acordo com o merecimento. Em alguns, é realizado um trabalho mais abrangente, com outros, menos; tudo isto é proporcional à condição em que nos é permitido ajudar. Concluindo, existe uma limpeza fluídica e energética nessa mulher. Também existe a ajuda mental proveniente dos vários guias de sua equipe, do seu anjo da guarda, e todo auxílio espiritual possível.

Em outra situação em que a mulher não é médium, dependendo do seu merecimento e da sua condição evolutiva (em geral), o socorro também é imediato, a limpeza perispirítica e energética é necessária, e, na maioria dos casos conseguimos fazer isto. O socorro espiritual sempre vai existir.

O que pode ficar são os danos físicos, materiais, em que são feitos tratamentos, limpezas, assepsias pelos médicos. O que "fica lá na alma" é tratado em longo prazo, pelo próprio espírito, para se livrar dos últimos resquícios da agressão.

Quais são os caminhos para evitar este tipo de crime?

Pombagira Sete Saias

O caminho é a *generosidade*, a verdadeira generosidade, não aquela feita por obrigação, e, sim, aquela em que se sente bem por fazer algo bom.

Não é apenas doar uma cesta básica, mas é ajudar alguém, dar uma palavra reconfortante, fazer um projeto, fazer sempre o seu melhor, ser generoso nas situações em que se pode ser generoso...

Eu não digo que a pessoa tenha que dar tudo o que tem, isto não é uma generosidade, Deus não quer ver seus filhos passando fome e tristeza, ele quer que os filhos se ajudem, dentro das suas condições, sem tirar de suas famílias o que lhes fará falta.

A maior evolução é você ajudar o grupo em que está inserido primeiro, evolução da sua família, esposa, filhos, pais e irmãos. Este é o "próximo" que Jesus disse. Não adianta doar cinquenta cestas básicas e chegar em casa, e agredir sua esposa e maltratar seus filhos e fingir não ver os problemas que estão acontecendo.

As cinquenta cestas básicas não são nada. A generosidade começa quando se age bem com as pessoas, com empatia, tendo caridade com o pai idoso que precisa de ajuda, isto é generosidade; então ela começa dentro de casa, depois é lá para fora, aparece alguém pedindo sua ajuda e, naquele momento, você pode, ajude, não vai te prejudicar de modo algum.

Você será posto à prova a todo o momento, é uma generosidade inteligente, você sabe até que ponto pode ajudar sem se prejudicar e sentindo felicidade pela oportunidade de ajudar o próximo. Este é um caminho. Também se inclui a caridade neste contexto.

Outro caminho é a *misericórdia*, em ver um irmão necessitado e conseguir sentir algo por ele e perceber que pode ser útil em alguma melhoria.

Caridade, amor, por um animal, por uma planta, por um ser vivo, são todos filhos de Deus. *Piedade, carinho,* tudo o que puder fazer por um ser vivo, da sua ou de outra espécie é importante na sua evolução.

É através de tudo isto que os seres humanos se modificam e conseguem perceber a existência do outro, o tanto que é importante "o outro", estar bem com ele. Todos dentro de suas condições são provados a todo o momento. Esta é maneira com que se pode evitar tanto sofrimento, tantos crimes, não só o abuso sexual, como qualquer outro. O caminho para vencer a violência será por meio da generosidade, da bondade, da caridade, da humildade e do amor, atuando nas pessoas desde sua infância, para que o futuro delas se modifique com a generosidade e a bondade. Quando se planta uma boa semente na terra, colhemos frutos bons.

Capítulo 7

Orientações da Pombagira

Mensagens da Senhora Sete Saias ao povo da Umbanda

- Que vocês, como médiuns, tenham, acima de tudo, *consciência* da responsabilidade espiritual, material, psicológica e mental sobre todos aqueles que vêm às nossas casas, templos, terreiros e tendas em busca de ajuda para sua vida e de seus familiares.

- Que vocês possam compreender a *luz de suas missões, a grandiosidade e a bondade infinita de nossos Orixás,* que nos dão oportunidade de compreender, evoluir e tornar-nos seres humanos melhores e guardiões deste planeta.

- Que vocês sejam sempre *caridosos de coração,* fiéis a sua religião, firmes em seu propósito de ajudar ao próximo, humildes para estudarem e desenvolverem novos conhecimentos.

- Sejam *observadores* para que, em nenhum momento, sejam utilizados para fazer o mal. *Vigiem* seus corações, não permitam que entidades inferiores encontrem brechas e usem seus corpos e mediunidade para espalhar inveja, mesquinharia, desunião, falsa moral e egoísmo.

- Entendam que o Universo é regido por leis e que o que vivemos hoje é reflexo de nossos pensamentos e atitudes passadas. O caminho mais fácil, aquele em que vocês atropelam seus irmãos, será um caminho mais difícil no futuro. Que a lei do *karma*, *da ação e reação*, ou o famoso ditado "você colhe o que você planta" é a lei mais perfeita de Deus, nosso amado *Olorum*, que, por sua justa e misericordiosa vontade, regula toda nossa vida, e esse será nosso destino. Irmãos, que cada semente do *entendimento* cresça dentro de vocês, para que possam cuidar, regar, fazer crescer sua evolução.

Agradeço a todos aqueles que creem na nossa Umbanda, nos nossos Orixás, em nosso Zambi. Que *Ele* possa auxiliar a sua evolução e o desenvolvimento espiritual a todo momento.

Salve nossa Umbanda!

Para os médiuns das Pombagiras:

- A responsabilidade é tanta... Vocês não têm noção do seu poder... Que foi dado tão somente para ajudar.

- A espiritualidade emprestou-lhes parte da força para saldar seus débitos. É só isto. É apenas isto.

- Se soubessem que é para seu próprio bem, não as usariam para maltratar, machucar, vingar-se ou bagunçar a vida de ninguém...

- Nada neste mundo consegue deter a força de uma Pombagira de Lei, somente o Deus do Universo pode, e, cobra como esta força foi usada.

- Compreendam (mesmo que não queiram), façam a modificação pessoal e interna já, agora! Não deixem para depois, o tempo não para, vamos em frente, se deixar para depois, o caminho vai se tornar árduo e dolorido, e nossas lágrimas não acalmarão suas almas sofridas...

- Um exame de consciência mostrará porque pisam em pedras tão duras...

- É necessário um recomeço, um novo e suave aprendizado, em que a luz será mais forte que a dor, o sol suave de suas vidas...

- Cantem, brindem a vida, exalem o perfume das Pombagiras, que nada mais é do que a essência de suas almas, brandas e suaves....

- Que Deus e Oxalá possam ensinar o caminho reto e árduo, mas que conduz à felicidade eterna, infinita, do aprendizado de viver...

Aos que fazem o caminho reto:

- Tenha certeza, fé sincera e absoluta, para aqueles que estão na seara do bem, nada se perde, nem a pequenina luz que chega suave ao final do dia será perdida...

- Continuem, cavalguem, sintam o vento, a brisa suave do toque da luz de Deus em seus rostos sofridos. Nem tudo estará perdido, nem tudo, nada se perde, não se esqueçam disto... Eu estou aqui sempre, ao lado daqueles que pedem meu auxílio, e nenhum irmão jamais será esquecido, e nos encontraremos em breve.

Salve a Umbanda!

Que Oxum ilumine suas vidas.

Sete Saias de Lei.

Oração à Pombagira de Lei Sete Saias

"Senhor Jesus, Mestre amado e amigo de todas as horas. Oxalá nos abençoe e nos fortaleça na Tua presença a cada dia. Estamos agora diante de Ti, com o coração sincero, pedindo ajuda e lembramos nessa hora da Pombagira Sete Saias. Permita que esse espírito bondoso venha em nosso auxílio. Senhora Sete Saias nos socorra agora com toda a sua equipe. Que este problema... (citar o problema) Seja resolvido de acordo com o nosso merecimento, com a vontade de Deus-Olorun e de nossos Orixás, porque sabemos que eles só nos dão o que for o melhor para nós. Que possamos receber uma intuição de sua parte sobre essa aflição que estamos vivendo. Aumente a minha fé, Sete Saias, e nos conceda ainda hoje a solução tão esperada, para que eu lhe agradeça com toda a alegria de minha alma e propague a sua devoção. Muito obrigada, Sete Saias, por, mais uma vez, ter nos socorrido. Oxalá seja sempre seu guia, para que continue auxiliando as pessoas que tanto precisam de sua intercessão."

Após a oração, acenda uma vela branca e coloque ao lado um copo com água. Se estiver no terreiro ou centro espírita, poderá acender uma vela vermelha.

Salve, Sete Saias!

Informações sobre a linha das Pombagiras:

- Cores de vibração: vermelho e preto

- Dia da semana: segunda-feira

- Principais oferendas:

Champanhe branco
Cigarro ou cigarrilha
Velas vermelhas
Rosas vermelhas
Leque
Espelho
Pente vermelho
Batom vermelho
Esmalte vermelho
Joias
Perfume

Linhas de Pombagiras mais conhecidas:

- Pombagira Sete Saias
- Pombagira Cigana da Praia
- Pombagira Maria Mulambo
- Pombagira Maria Padilha

- Pombagira Rosa dos Ventos
- Pombagira Sete Estrelas
- Pombagira Rainha das Sete Encruzilhadas
- Pombagira Rosa Caveira
- Pombagira Rosa Rainha
- Pombagira Mirongueira
- Pombagira Maria Quitéria
- Pombagira Tata Mulambo
- Pombagira Calunga
- Pombagira Menina
- Pombagira das Almas
- Pombagira da Figueira
- Pombagira Rainha do Cemitério
- Pombagira do Cruzeiro
- Pombagira Dama da Noite
- Pombagira das Sete Calungas
- Pombagira das Sete Catacumbas
- Pombagira Maria Mulambo da Estrada
- Pombagira da Porta do Cemitério
- Pombagira Rainha das Rainhas
- Pombagira Cacurucaia

Oferenda para a Pombagira Sete Saias

Uma oferenda é um trabalho oferecido à entidade para pedir sua ajuda, sempre em benefício de alguém ou para si mesmo. Esclareço aqui que sempre peça autorização para seu Orixá e, se estiver frequentando um templo, peça permissão ao pai ou mãe de santo para fazê-la.

A Pombagira Sete Saias recebe:

- brincos, anéis, pulseiras, colares (não é necessário serem de ouro, podem ser folheados, ou até mesmo bijuterias)

- maquiagem: batom, blush, sombra, etc.

- rosas vermelhas

- leques com cores fortes, incluindo preto e vermelho,

- sidra branca

- pente vermelho

- cigarro, cigarrilha

- velas

- perfumes (de preferência alfazema)

Numa oferenda, escolhem-se pelo menos três itens, sendo sempre em número impar, por exemplo, um pente, um perfume e sete rosas vermelhas, três velas vermelhas, cigarro e uma sidra. Concentre-se para sentir o que ela pede para colocar na oferenda, que na verdade, será feita em benefício de alguém.

Deverá ser feita em um templo; não se deve nunca fazê-la em casa. Atenção: peça a ajuda e permissão de seu zelador (pai ou mãe de santo). O ponto riscado mais simples da Pombagira é um círculo com um tridente redondo no centro. Atenção para fazerem pedidos somente para pedir o bem, pois somos todos responsáveis por nossa plantação. Colheremos sempre o resultado de nossas ações, e isto é essencial para nossa evolução.

Capítulo 8

As Sete Saias de uma Pombagira

Vamos voltar um pouco à História do Brasil Colonial, no século XVI. Por volta do ano de 1530, quando o país recebeu vários negros africanos do grupo Banto, que vieram de Angola, Congo, Benguela e Moçambique e outras regiões. Na condição de escravos traziam sua cultura, seus valores, religiões e crenças. Realizavam reuniões para não perder essas tradições, as quais se denominavam *calundus*, *cabulas*, *macumbas* e *batuques*, dependendo da região do Brasil, e incorporavam seus guias e divindades. Esses escravos também eram exímios fitoterapeutas, donos de um conhecimento profundo sobre ervas e curavam também os doentes das famílias "dos senhores" quando alguém adoecia.

Nos cultos, era comum a presença de uma divindade de nome *Bombongira*, que foi conquistando o respeito de todos e assim dando origem à Pombagira que conhecemos hoje. Simbolicamente a palavra pomba significa *mensageira* e gira se refere aos movimentos que faz para descarregar o terreiro, os médiuns e os pacientes. A religião predominante no Brasil daquela época não gostava desses cultos africanos, dessa forma, os escravos "rebatizavam" seus deuses, com nomes dos santos. Essa prática é conhecida como sincretismo. Por exemplo: Iemanjá - Nossa Senhora; Ibeji - Cosme e Damião; Iansã - Santa Bárbara e outros...

Já a vida familiar de alguns brasileiros dessa época era diferente; casais viviam juntos, mas não eram casados legalmente. Um homem tinha várias mulheres e elas se ajudavam mutuamente a criarem seus filhos, era uma educação coletiva. Aproximadamente setenta por cento desses casais "diferentes" não regularizavam a união civil, devido ao alto custo da taxa que era cobrada.

Diante de tal situação, começaram a ser cobradas multas para os casais que não eram casados oficialmente e, assim, o valor de uma certidão de casamento diminuiu consideravelmente. Essa ação visava mudar o comportamento dos casais que expressavam seus sentimentos abertamente em festas e em público. Em 1650, no Brasil, o trunfo da mulher era a fertilidade, quando ela se casava, já tinha várias experiências sexuais com seu companheiro, casava-se grávida ou com o filho no colo.

Novamente foram impostos regulamentos, normas e leis para as mulheres, manuais de como a boa esposa deveria agir circulavam. Ou seja, tornaram-se castas, cobriram-se dos pés à cabeça, e o marido a idealizava como uma santa.

As relações sexuais voltaram-se somente à procriação. Às mulheres não era permitido mais sentir, nem expressar prazer. Esse momento era tenso, a esposa não podia ficar nua diante de seu marido, então o ato sexual era realizado com a esposa vestida com uma camisola comprida. Além disso, pregava-se que era permitido à esposa somente uma posição sexual: o homem por cima e a mulher por baixo, com a justificativa que, dessa forma, os filhos nasceriam sadios.

Esta modificação nos costumes sexuais da mulher brasileira ampliou sua submissão social; foi estabelecido que a mulher permanecesse em casa, cuidando das tarefas domésticas e da educação dos filhos; ela era uma propriedade do marido. Em função de tanta repressão, pode-se considerar que estes valores, de uma sociedade religiosa, contribuíram com o surgimento das Pombagiras, que foram rotuladas como mulheres de rua, pois estas entidades incorporavam de madrugada e em locais distantes da casa grande. Suas médiuns vestiam-se de maneira sensual e ajudavam na cura de doenças, afastando os espíritos negativos e aconselhando o bem.

Neste livro, vimos um novo prisma dessas mulheres guerreiras e corajosas, confirmando que muitas informações veiculadas sobre as Pombagiras são errôneas. Trabalho com a Pombagira Sete Saias e posso dizer, com toda sinceridade, que se trata de um espírito voltado para a caridade e para a evolução de encarnados e desencarnados. Dona de uma vasta cultura, que prefere não demonstrar, por isso eu a chamo carinhosamente de Professora, já que me ensina muito sobre o mundo material e espiritual. Que Oxalá a abençoe cada dia e que ela continue nesse caminho de ascensão espiritual.

Agradeço aos Orixás por essa oportunidade de ter sido a porta-voz desta maravilhosa *entidade de lei*.

Nota final

Lei da ação e reação exemplificada pela Senhora Sete Saias, aqui, especificada, de acordo com a terceira lei de Newton: "A toda ação, há sempre uma reação oposta e de igual intensidade".

Assim sendo, toda ação positiva terá obrigatoriamente um resultado positivo e o mesmo acontece com o contrário. Sendo assim, devemos ter consciência de nossos atos, porque até para aqueles que duvidam da existência do plano espiritual, aqui podem perceber o que a ciência prova, através da física mecânica.

Força centrípeta. Exemplificada pela Senhora Sete Saias, nos capítulos anteriores, aqui com a explicação da física: Isaac Newton, físico mundialmente famoso e que também a demonstrou e provou com seus experimentos científicos. Observem:

"É a força resultante que puxa o corpo para o centro da trajetória em um movimento curvilíneo e circular."

Assim, é demonstrado que nossas Pombagiras, utilizam-se de leis universais em seu trabalho, agindo em perfeita sintonia com a lei de Deus e da física.

Salve todas nossas Pombagiras! Alaroê Exu!